Les papillons jouent à cache-cache.
Cherche les papillons. Entoure-les.
Puis colorie autant de ronds qu'il y a de papillons.

Observe les deux dessins. Quel morceau manque dans chaque dessin ? Entoure-le !

Colorie chaque dessin.
Puis nomme la couleur que tu as choisie.

Mon **melon** est

La **bougie** est

Ma **glace** n'est jamais

En été, j'aime aller
sur un **bateau**. Il est

Découpe les cartes.
Puis place-les à l'endroit correct.

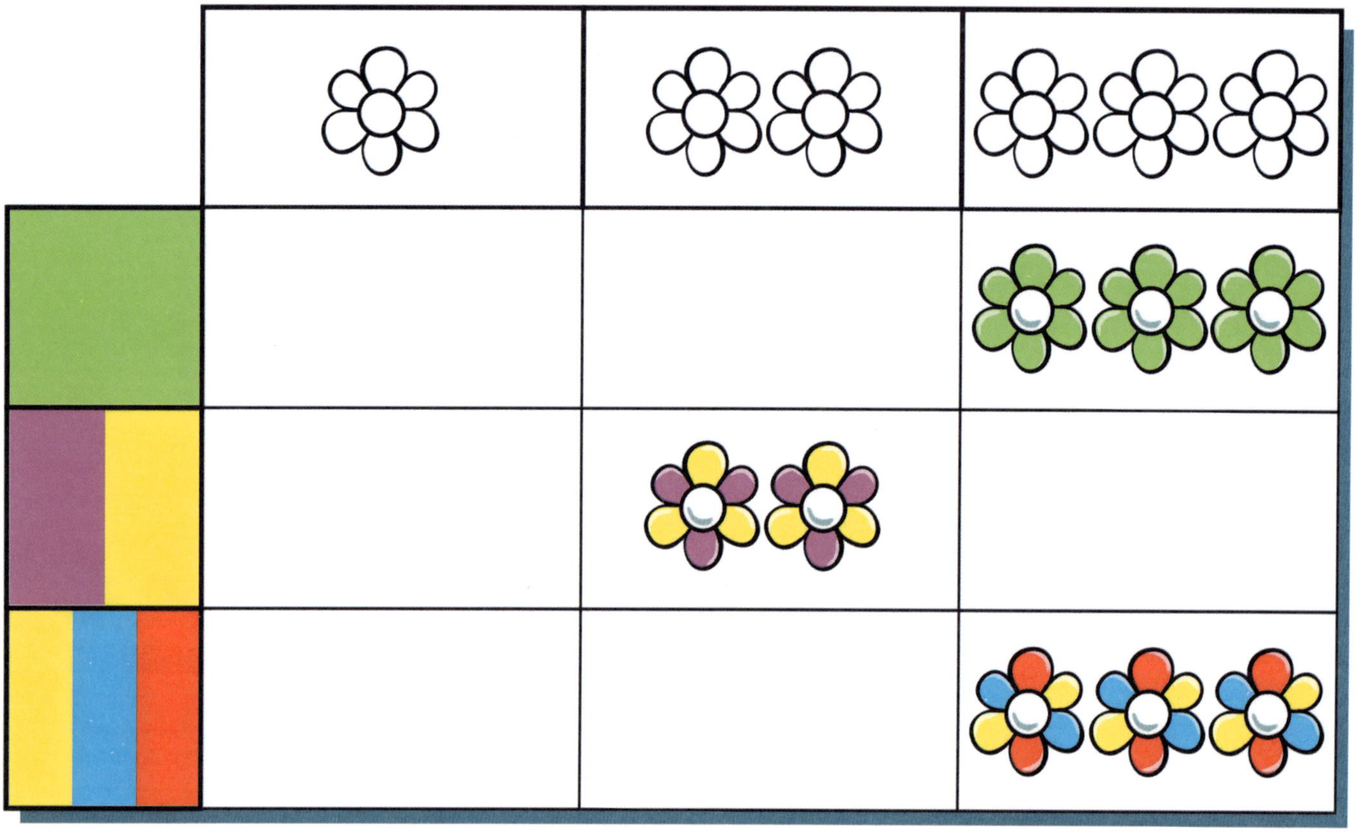

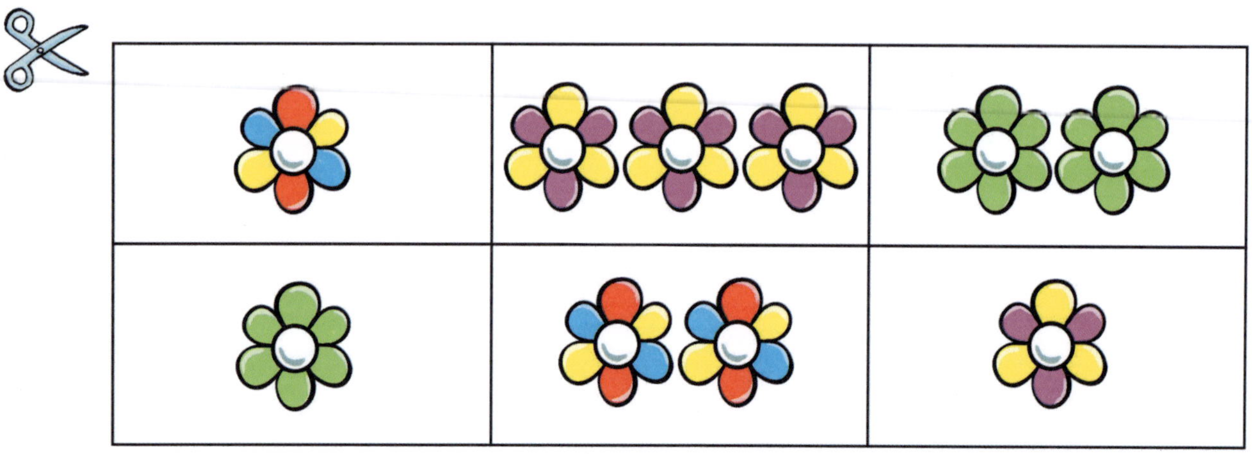

Continue au marqueur le chemin
de chaque trèfle à quatre feuilles.

Colorie les fleurs en suivant le code des couleurs. Puis compte les fleurs.

4x

1x

3x

2x

Nina va acheter de la peinture. Suis son chemin dans le labyrinthe. Quelle couleur choisit-elle ? Entoure le pot.

Compte les glaces.

Quelles sortes de glaces vois-tu ?
Observe leurs couleurs. Colorie les boites
de glace du marchand avec les mêmes couleurs.

Colorie les fleurs en suivant le modèle.

Divise les mots en petits morceaux. Combien en comptes-tu ? Colorie autant de ronds qu'il y a de morceaux dans le mot.

soleil

○○○○○

glace

○○○○○

herbe

○○○○○

tournesol

○○○○○

fraise

○○○○○

arc-en-ciel

○○○○○

Observe les mots. Quelles lettres du mot retrouves-tu dans la case d'à côté ? Entoure-les.

jaune	O E A J S U N	 fleur	F E U R V S T L
 rouge	R E G U O D P	 rose	W S N R E O A
 bleu	B A L R U E S	 air	L I C R A

Des papillons tout en couleur

Réalise ceci :

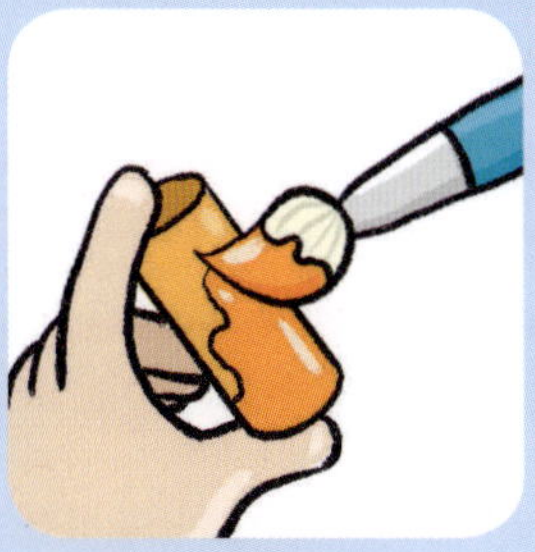

1. Peins un bouchon dans une chouette couleur.

2. Détache les ailes. Colle-les sur le bouchon.

3. Découpe 2 morceaux de fil chenille. Enfonce-les dans le bouchon : ce sont les antennes.

4. Bricole 4 papillons de différentes couleurs.

5. Accroches-y une ficelle. Suspends-les dans ta chambre. Regarde comme ils volent !

Des papillons tout en couleur

As-tu détaché les papillons avec soin ?
Utilise cette page comme pochoir.

À la plage !

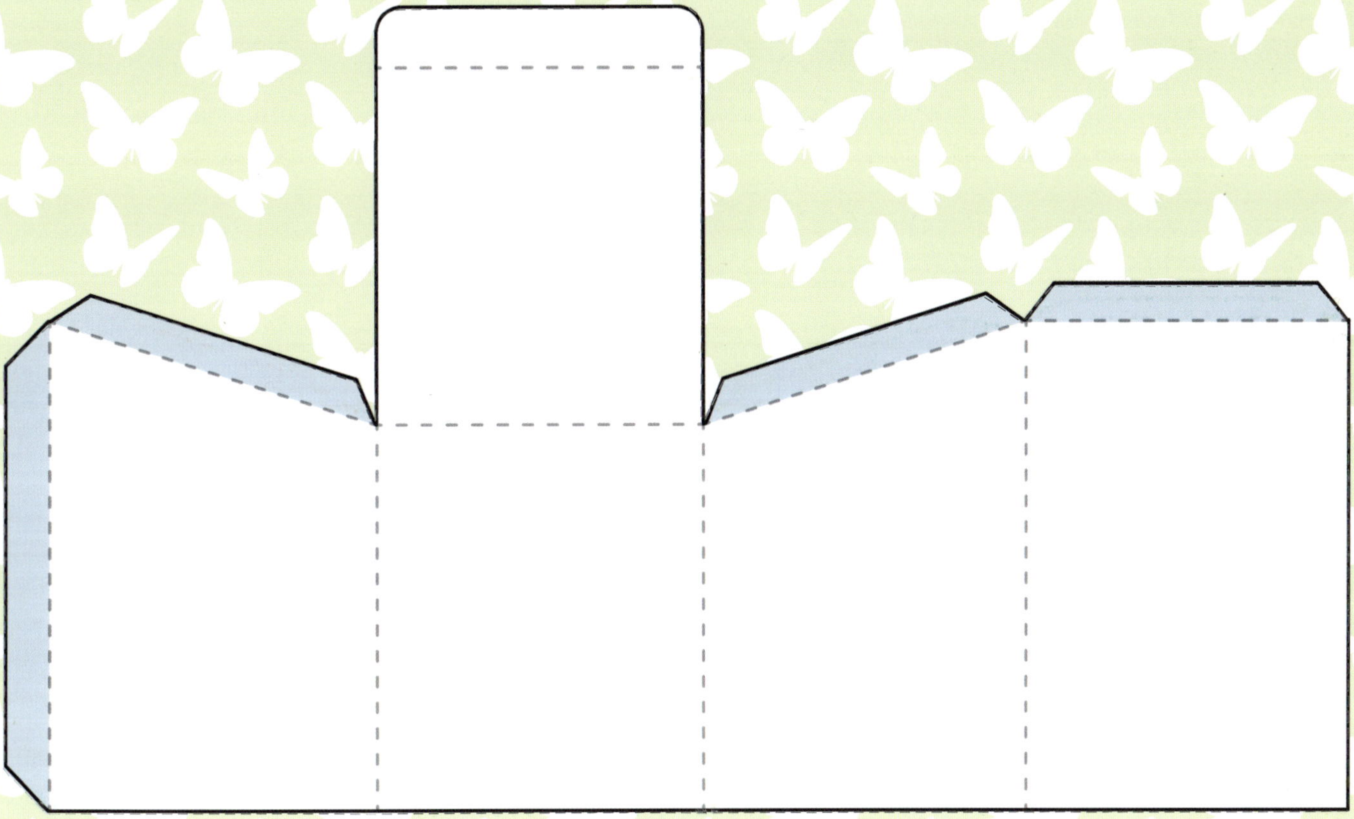

À la plage !

Réalise ceci :

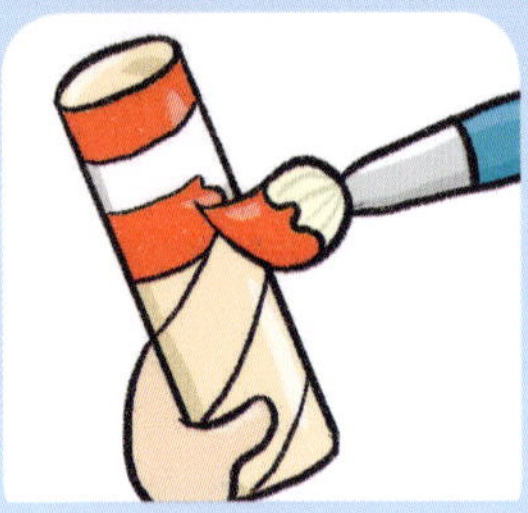

1. Peins un rouleau de papier essuietout comme un phare.

2. Peins une porte et des fenêtres sur ton phare.

3. Détache les figurines et colle-les autour d'un bouchon.

4. Colorie toutes les parties de la cabine de plage. Puis détache-les.

5. Plie-les, puis colle-les ensemble.

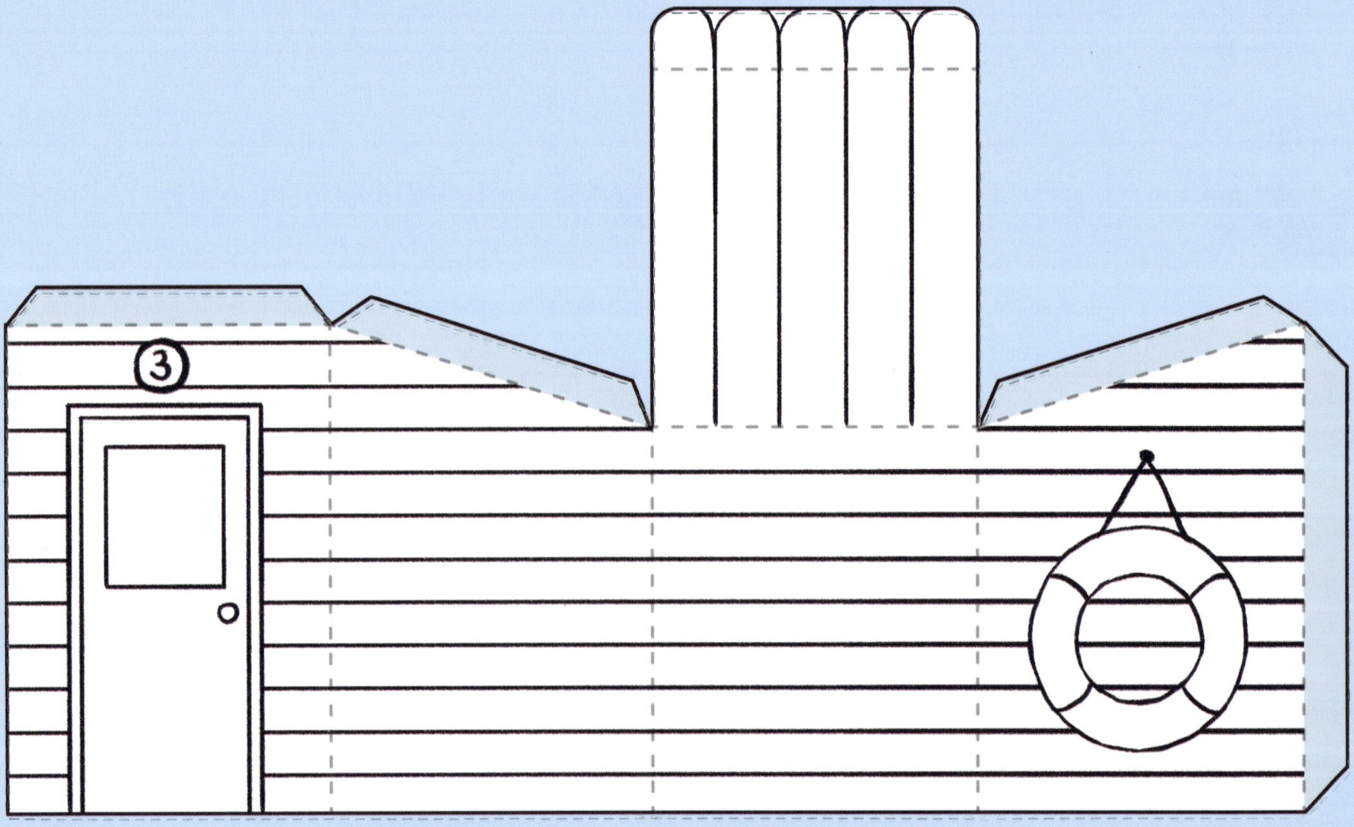

Iris choisit une couleur

DOREMI

texte : Aag Vernelen • adaptation : Geneviève Bergé • illustrations : Monica Knaapen

ÉTÉ

Ce sont les grandes vacances !

Iris ne va pas à l'école.

Le papa d'Iris est en congé lui aussi.

– Voilà ! j'ai enfin le temps de repeindre ta chambre, dit papa.
  Quelle couleur aimerais-tu ?

Iris réfléchit.

– Je ne sais pas, dit-elle.

– Tu as encore le temps d'y penser, dit papa. Je vais d'abord
  me reposer avant de me mettre au travail.

Papa s'installe dans un fauteuil de jardin et lit le journal. Iris se couche dans l'herbe et réfléchit. Quelle couleur choisir ? se demande-t elle. Je pourrais demander une chambre **verte** comme l'herbe.
Ou **jaune** comme le soleil. **Bleu clair** aussi c'est joli, comme le ciel d'aujourd'hui. Ou alors une chambre **blanche** comme les nuages ?
Ou **rouge**,ou **orange**, ou **mauve** ?
Iris pousse un gros soupir. Elle ne parvient pas à se décider.

Le jour suivant, Caro, Popol et Sam viennent jouer avec Iris.
– Papa va repeindre ma chambre, leur annonce Iris.
Mais je n'arrive pas à choisir la couleur. Vous voulez bien m'aider ?
Quelle est votre couleur préférée ?

– Moi, c'est le **blanc** ! crie Popol. Car je suis tout blanc ! Ma chambre est blanche. Et même les plages où je suis allé en vacances avec papa et maman. Tu sais de quelle couleur est ma glace préférée, Iris ? Elle est blanche : c'est la glace au citron.

– Hum, dit Iris. Blanc... Est-ce que le blanc, c'est vraiment une couleur ?

– Bien sûr, dit Popol. Dans le blanc, on retrouve toutes les couleurs. Et puis il y a toutes sortes de blanc : blanc cassé, écru...

– Et blanc neige ! ajoute Iris.

– Et toi, Caro, de quelle couleur est ta chambre ? demande Iris.
– Elle est **verte** évidemment ! Verte comme moi !
– Et comme l'herbe, dit Sam qui se repose dans l'herbe.
– Et comme mes légumes préférés, les concombres et les brocolis, ajoute Popol.
– D'ailleurs, la glace que je préfère est verte aussi, complète Caro. C'est la glace à la pistache.

– Aide-moi, Sam, dit Iris. Je parie que ta chambre est brune ?
– Oui, répond Sam tout étonné. Comment le sais-tu ?
– Hihi, rit Popol. C'est parce que tu es brun toi-même !
Sam sourit.
– Oui, et ma glace préférée est **brune** aussi, dit-il.
C'est la glace au chocolat avec des noisettes.

Iris regarde ses bras.

– Moi, je suis **grise**, mais je trouve que le gris n'est pas une chouette couleur pour une chambre. Je préfère le rouge, le rouge des fraises et de l'intérieur des pastèques.
– Le rouge des coquelicots dans les prairies ! dit Caro.
– Oui, mais mon t-shirt est déjà rouge, dit Iris. Et comme je le porte tous les jours, je voudrais une autre couleur.

– Et si on votait ? propose Popol.
– Bonne idée ! dit Simon.
Mais Iris s'écrie :
– Ah non ! On ne vote pas ! C'est ma chambre ! Donc je dois être contente de la couleur que je choisirai.
– J'ai une idée ! s'exclame Caro. Organisons une fête des couleurs ! Nous allons préparer une décoration pleine de couleurs. Puis nous boirons et nous mangerons toutes sortes de choses très colorées. Comme ça, nous aurons de bonnes idées. Et après la fête, tu choisiras plus facilement, Iris.

Les amis se mettent au travail. Maman et papa donnent un coup de main. Ils accrochent des ballons et des fanions de toutes les couleurs. La table est recouverte d'une nappe rose. Iris y pose des bouteilles de jus de fruits rouges et de jus d'orange. Papa apporte un plat rempli de belles fraises rouges et de mûres d'un magnifique bleu foncé. Maman ajoute un plat de carottes orange, un ravier de sauce rose et une grande salade verte avec des concombres et des brocolis. Puis encore des bougies mauves.

Surprise ! Il y a aussi de la glace de toutes les couleurs !
Karo choisit de la glace à la pistache, Sam préfère la glace au chocolat et Popol se régale de glace au citron.

– Quel parfum veux-tu, Iris ? demande maman.

– Heu, je n'arrive pas à choisir, marmonne Iris.
Donne-moi... un peu de toutes les couleurs !

Tout à coup, quelques gouttes tombent.
– Vite, rentrons ! crie Sam. Il pleut !
– Ce n’est qu’une toute petite pluie, dit papa. Elle ne va pas durer.
Papa a raison. Voici déjà le soleil !
– C’est drôle ! Il pleut et il y a du soleil en même temps, observe Caro.

– Bon, il est temps que tu te décides, Iris, dit Popol.
Quelle couleur choisis-tu pour ta chambre ?
– Heu..., bredouille Iris. Je voudrais cette couleur !
Et elle montre le ciel.
– Oh ! s'exclament tous les amis en même temps.
Un superbe arc-en-ciel brille dans le ciel.

Papa se gratte la tête.

– Apparemment, c'est difficile pour toi de choisir une couleur, pas vrai, Iris ?

– Je trouve toutes les couleurs si belles ! répond Iris.

– Bien, les amis, dit papa. Si vous me donnez un coup de main, nous allons peindre un magnifique arc-en-ciel. Vous trouvez que c'est une bonne idée ?

– Génial ! crient-ils tous ensemble.

Le lendemain soir, la chambre d'Iris est toute repeinte de blanc et un splendide arc-en-ciel décore l'un des murs.

– Et maintenant, tous au bain ! dit le papa d'Iris.

– Oui, répond Iris en riant. Car maintenant, c'est nous qui ressemblons à des arcs-en-ciel !

Ce sont les grandes vacances.

Papa a enfin le temps de peindre la chambre d'Iris.
Mais il faut d'abord qu'Iris choisisse une couleur...

Une boite coccinelle

Réalise ceci :

1. Peins une boite de fromage en noir. C'est le corps.

2. Détache les parties de la coccinelle.

3. Colle la tête sur le corps.

4 Fixe les ailes au corps à l'aide d'attaches parisiennes.

5. Ta boite coccinelle est prête ! Tu peux y conserver de petits trésors.

Une boite coccinelle !

Ces fleurs n'ont pas la même grandeur.
Dépose des blocs Duplo à côté d'elles.
Compte-les. Puis colorie-les.

Écoute les consignes.
Dessine le nombre correct.

Dessine une fleur de moins.

Dessine une boule de plus.

Dessine deux feuilles de moins.

Dessine deux fruits de plus.

Quels légumes sont verts ? Et rouges ? Colorie les légumes. Combien de légumes y a-t-il dans chaque groupe ? Colorie le nombre de ronds correspondant.

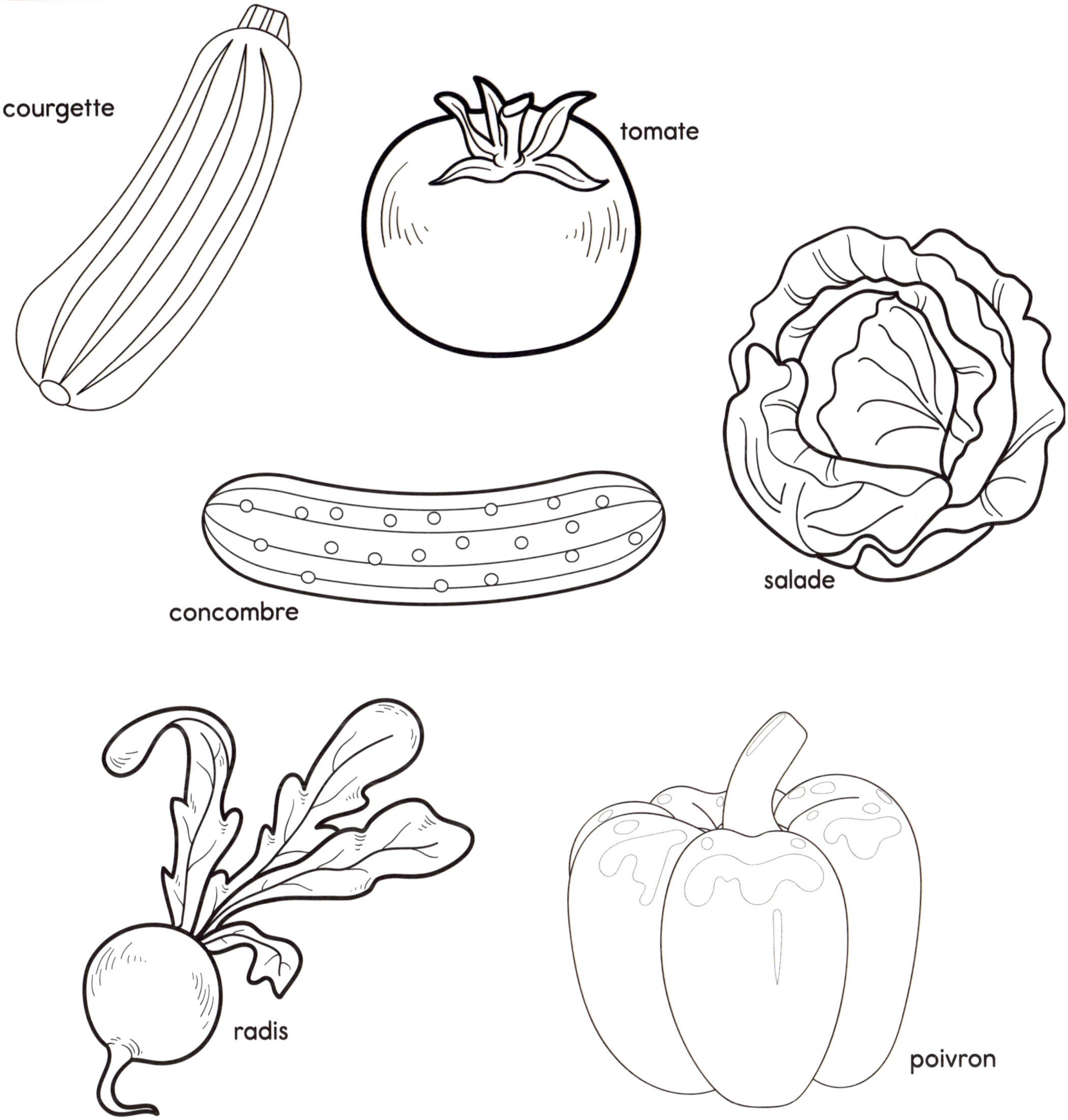

Colorie le dessin du dessous.
Utilise les mêmes couleurs.

Combien de points colorés y a-t-il sous chaque cornet ?
Dessine le même nombre de boules de glace.
Colorie-les selon la couleur des points.

Où habite l'abeille ?
Suis le chemin qui mène à sa maison.

Qu'est-ce qui ne fait pas partie de la série ?
Barre-le dans chaque cadre.

Relie chaque dessin à son ombre.

Un tableau en plasticine

Il te faut :
- une planchette ou une toile
- de la plasticine de différentes couleurs

Fais comme ceci :

1

Choisis une couleur pour le fond. Recouvres-en la planchette ou la toile.

2

Forme quelques boudins. Réalise un beau soleil.

3

Roule des boulettes pour les nuages. Aplatis-les pour leur donner leur forme.

4

Forme de longs boudins de différentes couleurs. Pose-les les uns à côté des autres pour former l'arc-en-ciel.

5

Colle bien toutes les formes de plasticine. Accroche ton œuvre au mur ! Bravo l'artiste !

Une boite d'été

Il te faut :
- une boite à chaussures
- de la couleur
- du papier vert
- les figures des pages C, D, E et F
- du ruban adhésif

Fais comme ceci :

1

Peins en vert le fond de ta boite.

2

Peins en bleu les côtés de ta boite.

3

Découpe des languettes de papier vert. C'est l'herbe.

4

Colle l'herbe en papier sur les côtés de ta boite.

5

Colle les figures de la page cartonnée à l'intérieur de ta boite.

6

Colle aussi de l'herbe, des feuilles et des brindilles.

Un délicieux cocktail

Il te faut :
- des fraises
- des glaçons
- du jus de citron
- un verre à cocktail
- un mixer/blender
- du sucre
- de la limonade

Fais comme ceci :

1

Avec l'aide d'un adulte, coupe 5 fraises en morceaux.

2

Mixe les fraises. Si elles sont petites, tu peux les mettre entières dans le mixer.

3

Ajoute 1 cuiller à soupe de jus de citron, 1 verre de limonade et quelques glaçons.

4

Mixe tout ensemble.

5

Ajoute 2 cuillers à soupe de sucre et mélange encore bien tout.

6

Verse ton cocktail dans un verre. Ajoute 2 morceaux de fraise pour décorer.

Des brochettes de fruits !

Il te faut :
- 1 kiwi
- 1 pomme
- 1 orange
- des myrtilles
- des framboises
- de la pastèque
- des brochettes

Fais comme ceci :

1

Lave les fruits avec l'aide d'un adulte.

2

Toujours avec son aide, coupe le kiwi, la pomme, l'orange et la pastèque en morceaux.

3

Prends une brochette et enfile les fruits dans l'ordre suivant : framboise, pastèque, orange, pomme, kiwi, myrtille.

4

Dépose tes brochettes de fruits sur un plat. Bon appétit !

DOREMI

Conception: Nicky Depypere et la rédaction de Dorémi • **Illustrations:** couverture Shutterstock, iStock (fonds), bricolages carton: Monica Knaapen, carnet de jeux: Monica Knaapen • récit: Monica Knaapen • **Texte du récit:** Aag Vemelen • **Graphisme:** Maryvonne Jacobs • **Réalisation:** Geneviève Bergé et Hanne Vanleeuw • **Rédactrice en chef:** Sonja Wuytens • **Éditeur responsable:** Filip Noël, 1 Abdijstraat, 3271 Averbode • © 2019 Éditions Averbode sa • ISSN 1370-0537 • Commission paritaire: 0715K79943 • Malgré tous nos efforts pour respecter nos obligations concernant l'iconographie de ce numéro, il est possible que certains ayants droit nous soient restés inconnus. Nous sommes à leur disposition pour régler leur problème.